Anna vor der Tür

Von Hans Peterson

Bilder von Ilon Wikland
Aus dem Schwedischen von
Angelika Kutsch

„Wenn Mia müde wird, kannst du sie ins Bett bringen", sagt Annika. „Und wenn etwas ist, ruf an."

„Gut, mach ich", sagt Anna. „Aber es passiert bestimmt nichts!"

„Tschüs, Mia", sagt Annika. „Tschüs, Anna." Und dann geht Annika.

Annika ist Papas neue Frau, und Mia ist das Kind der beiden. Mia ist jetzt drei Jahre alt, und sie ist Annas kleine Schwester genau wie Lasse zu Hause ihr kleiner Bruder ist. Manchmal paßt Anna auf Mia auf. An diesem Abend muß Annika im Krankenhaus arbeiten, und Papa ist nicht zu Hause. Er ist Seemann, und wie gewöhnlich ist er an Bord eines Schiffes auf dem Weg nach Japan oder Australien.

„Was machen wir jetzt?" fragt Anna und wuschelt Mia durch das schwarze, krause Haar.

„Nicht schlafen", sagt Mia. „Baden!"

Anna denkt ein bißchen nach. „Gut", sagt sie dann. „Du darfst baden. Eine kleine Weile." Sie geht ins Badezimmer und läßt ein bißchen warmes Wasser in die Wanne laufen. Dann

zieht sie Mia das blaugestreifte Nachthemd aus,
stellt sie in die Badewanne und gibt ihr fünf
kleine Enten aus Plastik.
„Die Enten baden auch", erklärt Mia.
„Und jetzt kommen Wellen", sagt Anna und
planscht im Wasser.
Nach einer Weile geht Anna in die Küche, um
ein bißchen Saft vorzubereiten. Da sieht sie die
Abfalltüte. Die hat Annika bestimmt vergessen.
Sie steht neben der Tür und riecht ziemlich
scheußlich.
„Ich geh mal eben zum Müllschlucker", ruft
Anna laut. Dann nimmt sie die Abfalltüte,
geht ins Treppenhaus und läßt die Tüte in den
Müllschlucker fallen.
Da fällt die Tür langsam zu. Vielleicht hat es
von irgendwoher gezogen. Knack, sagt das
Schloß.
„Oh", sagt Anna.
Sie geht zurück und versucht, die Tür zu öffnen.
Aber das geht nicht, die Tür ist zu.
Anna kann nicht in die Wohnung. Und in
der Badewanne sitzt Mia. Ganz allein!
Anna macht die Augen fest zu. Einen
Augenblick hat sie ein Gefühl, als ob ihr Herz

stehenbleiben will. Sie versucht zu denken, aber
das geht nicht.
Da hört sie Mia aus dem Badezimmer rufen.
„Anna, die Enten schwimmen!"
Anna beugt sich vor und legt den Mund an
den Briefkastenschlitz. „Prima!" ruft sie. „Ich
komm gleich!"

Sie muß telefonieren! Aber nicht mit Annika.
Die würde sich nur Sorgen machen. Und
Mama und Erik kann sie auch nicht anrufen.
Die sind mit Ola, Annas großem Bruder, und
Lasse aufs Land gefahren.
Anna versucht, noch einmal nachzudenken.
Irgend jemand muß doch die Tür öffnen
können. Dies hier ist ein Hochhaus, und
jemand hat bestimmt einen Hauptschlüssel.
Da erinnert Anna sich. In Annikas Küche
hängt ein Zettel, auf dem steht: „Im Notfall
rufen Sie ?????? an." Aber sie kann sich nicht
an die Telefonnummer erinnern, ihr Kopf ist
ganz leer.
Anna sieht sich um. Auf diesem Stockwerk
gibt es noch zwei Wohnungstüren. Anna
klingelt zaghaft an der ersten Tür. Aber dort
ist wohl niemand zu Hause. Anna klingelt an
der zweiten Tür. Auch da macht keiner auf.
Annas Herz pocht so laut, daß sie kaum
hören kann, was sie denkt. Sie öffnet wieder
die Briefkastenklappe. „Ich komm gleich!"
ruft sie.
Sie läuft die Treppe hinunter und klingelt an
der Tür unter Annikas Wohnung.

Von drinnen sind Stimmen zu hören.
Anna seufzt vor Erleichterung, und die Tür
wird langsam geöffnet. Eine kleine Dame sieht
Anna mit milden Augen an. Sie trägt ein
langes, schönes Kleid und einen Schleier über
dem Haar.

„Guten Tag", sagt Anna. „Ich hab mich ausgeschlossen." Dann verstummt sie. Hinter der Dame stehen mindestens zehn Personen und gucken Anna an.

Anna fällt ein, daß das die indische Familie sein muß, von der Annika ihr erzählt hat. „Schlüssel", sagt Anna.

Die Dame lächelt und schüttelt den Kopf. Dann sagt sie etwas. Aber Anna ist so durcheinander, daß sie nur merkt, daß das nicht Schwedisch ist.

Anna geht einfach an der Dame und den anderen vorbei zum Telefon, das in der Diele steht. Sie hebt den Hörer ab. Aber da fällt ihr ein, daß sie die Telefonnummer ja vergessen hat. Sie legt den Hörer wieder auf und denkt noch einmal nach. Dann geht sie in die Küche und öffnet eine Schranktür nach der anderen. Die indische Familie folgt ihr und sieht ihr zu, freundlich und ein bißchen neugierig.

Endlich findet Anna den Zettel, der hier in allen Küchen hängt: „Im Notfall rufen Sie 47 47 00 an."

Anna geht zum Telefon. Die indische Familie folgt ihr und sieht zu, wie sie 47 47 00 wählt.

10

„Hausverwaltung", meldet sich eine freundliche
Frauenstimme.
„Ich hab mich ausgeschlossen", sagt Anna
keuchend. „Ich bin Babysitter. Und drinnen
sitzt Mia in der Badewanne."
„O je", sagt die Frau. „Ich schick sofort
jemanden mit dem Hauptschlüssel. Bei wem
bist du Babysitter?"
„Bei Annika", sagt Anna.
„Annika. Und wie heißt sie mit Nachnamen?"
fragt die Frau ruhig.

Anna versucht nachzudenken. Annika muß ja wohl wie Papa heißen, wo sie doch jetzt miteinander verheiratet sind. „Andersson", sagt sie. „Sie heißen Andersson."

„Annika Andersson. Gut. Und die Adresse . . ." fragt die Frau weiter. „Wir haben mehrere Häuser zu verwalten!"

Anna starrt die Leute an, die sie mild und neugierig anschauen. „Die Adresse?" sagt sie. Gleich wird sie weinen müssen. Obwohl sie doch schon groß ist und gut allein zurechtkommt. „Nein", flüstert sie schließlich. „Ich kann mich nicht an die Adresse erinnern."

„Jetzt mal ganz ruhig", sagt die Frau sehr, sehr freundlich. „Erinnerst du dich, in welchem Stadtteil Annika wohnt?"

„Frölunda", antwortet Anna mit einem Seufzer der Erleichterung.

„Gut, Mädchen", sagt die Frau. „Und jetzt schicke ich einen Mann nach Frölunda. Er heißt Svenne. Ich bleibe am Telefon, und wenn dir die Adresse einfällt, sag ich sie ihm durchs Autotelefon."

„Und nun denk gut nach", sagt die Frau am

Telefon nach einer Weile. „Frölunda ist groß.
Fährst du immer mit dem Bus zu Annika?"
„Ja", sagt Anna, „aber manchmal auch mit
der Straßenbahn."
„An welcher Haltestelle steigst du aus?"
Aber in Annas Gedächtnis scheint ein Loch zu
sein. Oder ein weißer Fleck. Sie setzt sich auf
den Fußboden, weil ihr die Beine so zittern.
„Die Adresse?" sagt sie. „Die Adresse?"
Die indische Dame hat begriffen, daß etwas
passiert ist. Sie streckt eine sehr schmale
braune Hand aus und streicht Anna übers
Haar.
„Ich finde keine Annika Andersson unter
unseren Mietern", sagt da die Frau am Telefon.
„Aber hab keine Angst. Svenne ist mit dem
Hauptschlüssel unterwegs. Ist denn niemand
da, den du fragen kannst?"
„Sie sind alle aus Indien", sagt Anna.
„Dann können sie sicher englisch. Laß mich
mit einem von ihnen reden", sagt die Frau
ruhig.
Da fällt es Anna ein. „Pianostraße!
Pianostraße 5, sechster Stock!" ruft sie.
„Pianostraße!"

„Siehst du", sagt die Frau. „Wenn man ganz
ruhig bleibt, wird alles wieder gut. Jetzt ruf ich
Svenne an, dann ist er in zwei Sekunden da."
Anna legt den Hörer auf und stellt sich
wieder auf ihre zitternden Beine. Sie schüttelt
der freundlichen Dame die Hand und läuft die
Treppe hinauf. Durch den Briefkastenschlitz
hört sie Mia leise mit sich selbst im
Badezimmer reden. „Hallo, Mia!" ruft Anna.
„Jetzt komm ich gleich mit dem Saft."
„Die Enten wollen auch Saft", ruft Mia zurück.
Außer „gut" fällt Anna nichts mehr ein. Aber
da hört sie jemanden im Fahrstuhl kommen.
Ob es Annika ist? Sie kann ja etwas vergessen
haben. Oder vielleicht hat die Frau von der
Hausverwaltung sie angerufen. Aber es sind
zwei Polizisten. Der eine trägt einen
Werkzeugkasten. „Hallo", sagt er. „Bist du
das, die sich ausgeschlossen hat?"
„Ja", sagt Anna erstaunt.
„Wir haben in unserem Funkgerät gehört, wie
Svenne angerufen wurde. Und da wir mit
unserem Polizeiwagen ganz in der Nähe
waren, wollten wir mal nach dir schauen.
Vielleicht können wir die Tür öffnen. Deine

14

kleine Schwester kann doch nicht so lange in
der Badewanne sitzen." Dann zupfen sie Anna
ein bißchen am Haar, und sie ist plötzlich
viel ruhiger.

„Ich heiße Martin", sagt der eine Polizist. „Wie heißt du?"

„Anna", antwortet Anna.

„Und ich heiße Gösta", sagt der andere Polizist.

„Jetzt wollen wir mal sehen", sagt Martin und holt einen Hammer und einen Schraubenzieher aus dem Kasten. Er geht zur Tür und prüft die Scharniere. „Du", sagt er zu Gösta, „das ist eine ganz neue Tür."

Er dreht sich zu Anna um und schüttelt den Kopf. „Wir haben gedacht, es wäre ganz leicht, sie aus den Angeln zu heben. Aber bei dieser neuen Art Tür geht das nicht. Wir müssen doch auf den Mann mit dem Schlüssel warten."

Gösta lauscht durch den Briefkastenschlitz.

„Die Kleine da drinnen scheint noch ganz ruhig zu sein", sagt er.

„Sag ihr was Nettes", sagt Martin und lächelt Anna an.

Anna ist verwirrt. Hier stehen zwei große Polizisten, und die können nichts machen. Die Tür ist immer noch zu. Und Mia ist allein da drinnen. Vielleicht bekommt sie Angst und

versucht, aus der Badewanne zu klettern.
Dann kann sie ausrutschen und hinfallen.
Oder unter Wasser kommen. Anna wird ganz
starr vor Schreck.

Gösta setzt sich auf die Treppe und zieht Anna
an sich. „Du, Anna", sagt er leise. „Es ist nicht
gefährlich. Du mußt nur ein bißchen mit
deiner kleinen Schwester reden. Gleich kommt
Svenne mit dem Schlüssel. Wir haben das
Gespräch mit der Hausverwaltung mit
angehört. Er hat gesagt, er fährt direkt
hierher."

Anna wird ein wenig ruhiger. Sie geht wieder
zum Briefkastenschlitz. „Ich koch eben Tee",
ruft sie zu Mia hinein.

„Ich will jetzt raus!" ruft Mia zurück.

„Ich komme gleich", ruft Anna.

„Sehr gleich", sagt Mia.

„Tüchtiges Mädchen", sagt Gösta und streichelt
Anna über den Rücken.

In dem Augenblick knistert es in dem kleinen
schwarzen Gerät, das an Martins Gürtel
hängt. Martin meldet sich und lauscht. Dann
sagt er: „Klar. Verstanden. Massenkarambolage beim Tunnel." Dann sagt er zu

Gösta: „Kein Personenschaden, aber mittendrin sitzt dieser Svenne mit dem Schlüssel. Ich fahr hin und befrei ihn."

„In Ordnung", sagt Gösta. „Wir warten hier. Aber beeil dich."

„Ich hab auch ein kleines Mädchen zu Hause. Sie heißt Klara", sagt Gösta zu Anna. „Die kleine Mia ist doch deine Schwester?"

„Ja. Jedenfalls haben wir denselben Papa", antwortet Anna. „Aber Papa ist mit Annika verheiratet. Und Mama ist mit einem verheiratet, der heißt Erik."

„Paßt du öfter auf Mia auf?" fragt Gösta.

„Papa fährt zur See, und Annika arbeitet. Und wenn sie keinen anderen hat, dann paß ich auf Mia auf", sagt Anna. Sie versteht sehr wohl, daß Gösta so mit ihr redet, damit die Zeit schneller vergeht. Aber ruhiger wird sie dadurch nicht. Sie wird nur immer nervöser. Im Bauch hat sie einen harten Kloß.

Anna kniet sich wieder vor die Tür und erzählt Mia noch einmal, daß das Wasser gleich kocht. Aber jetzt will Mia unbedingt raus aus der Badewanne. Und zwar ganz schnell.

Die Enten haben auch keine Lust mehr zu
schwimmen.
„Ich komme!" ruft Anna. „Ich muß nur noch
schnell das Buch suchen." Anna versucht, so
lange wie möglich von dem Buch zu erzählen,
das sie zusammen lesen wollen. Aber die Zeit
vergeht, und Mia wird immer ungeduldiger.
Man kann bis ins Treppenhaus hören, wie
sie im Wasser planscht.

„Vielleicht findet Martin Svenne mit dem Schlüssel gar nicht", flüstert Anna Gösta zu.
„Doch, sie reden miteinander über Autotelefon", sagt Gösta.

Jetzt ist schon furchtbar viel Zeit vergangen, seit die Tür zugefallen ist. Anna singt Mia etwas durch den Briefkastenschlitz vor. „Alle meine Entchen", singt sie und „Alle Vögel sind schon da."

Die indische Familie kommt die Treppe herauf, um nachzusehen, was hier los ist. Gösta erklärt auf englisch, was passiert ist. Da schauen sie Anna mitleidig an und tappen wieder hinunter.

„Du machst es gut", sagt Gösta von Zeit zu Zeit zu Anna. „Hoffentlich wird meine Klara genauso ein tüchtiges Mädchen wie du."

Aber Anna ist dem Weinen nahe. Es ist wie ein ganz böser Traum.

Endlich hören sie jemanden die Treppe heraufstürmen. Das sind Martin und Svenne mit dem Schlüssel.

„Hier kommt die Rettung!" ruft Martin. Svenne lächelt nur ein bißchen. Dann steckt er den Schlüssel ins Schloß und dreht ihn

herum. Doch nichts geschieht. Er dreht noch
einmal, dann zieht er den Schlüssel heraus
und sieht ihn an. Dann alles noch
einmal von vorn.
Von drinnen ruft Mia. Es klingt ziemlich böse.
Bald wird sie anfangen zu weinen, das kann
man hören.

„Es geht nicht", sagt Svenne. „Das ist eine neue Tür mit einem neuen Schloß. Der Hauptschlüssel paßt nicht."

„Also sind wir immer noch ausgeschlossen", sagt Martin.

Drinnen im Badezimmer weint Mia.

„Tut etwas!" flüstert Anna. „Tut etwas!"

„Also, dann der letzte Ausweg", sagt Martin.

„Genau", sagt Gösta und holt eine Axt aus dem Werkzeugkasten. Martin nimmt den großen Hammer und einen Meißel. „Sag Mia, daß es gleich ein bißchen poltern wird", sagt er zu Anna.

Anna geht zum Briefkastenschlitz. „Gleich macht es ein bißchen Krach", ruft sie. „Dann komm ich zu dir."

Innerhalb von zwei Minuten und mit schrecklichem Getöse haben Gösta und Martin ein großes Loch in die Tür geschlagen. Dann steckt Martin eine Hand durch das Loch und dreht den Türschließer herum. „Jetzt!" sagt er und öffnet die Tür. „Jetzt gehst du hinein - aber ganz ruhig. Wir warten hier draußen."

Anna ist so schwach in den Knien, daß sie fast ins Badezimmer kriecht. In der Wanne

steht Mia und streckt Anna die Arme entgegen.
„Wo bist du gewesen?" fragt sie böse. „Ich
hatte solche Angst, und da hab ich ins
Badewasser gemacht."

Anna hebt Mia aus der Wanne und geht mit ihr hinaus in die Diele.
„Was seid ihr denn?" fragt Mia, als sie Gösta und Martin entdeckt.

„Wir sind Freunde von Anna", sagt Gösta.
Da bemerkt Mia die kaputte Tür. „Die ist
kaputt", sagt sie. „Die Tür ist kaputt."
Gösta nimmt Mia auf den Arm, und Anna
rennt aufs Klo. Das muß sie seit eineinhalb
Stunden.
Dann holt Anna ein Badelaken und trocknet
Mia ab. Mia darf ins Bett kriechen, und
Anna liest ihr eine Geschichte vor. Aber bevor
sie ans Ende kommt, ist Mia eingeschlafen.
Vorsichtig macht Anna die Tür zu Mias
Zimmer zu und geht zu Martin, der im
Wohnzimmer sitzt und in sein Funkgerät
spricht. Gösta hat sich einen Besen gesucht
und eine Schaufel. Er macht ein bißchen
Ordnung in der Diele und im Treppenhaus.
„Möchtest du, daß wir hierbleiben, bis Annika
kommt?" fragt Martin. „Oder sollen wir sie
anrufen?"
„Nein, nein", sagt Anna. „Sie kommt sowieso
in zwei Stunden. Ich schaff das schon."
Die beiden sagen tschüs und streichen Anna
noch mal übers Haar, und Anna bedankt sich
für die Hilfe. Als die beiden Polizisten
gegangen sind, wird es ganz still. Anna setzt

sich aufs Sofa und denkt darüber nach, was
Annika sagen wird, wenn sie das große Loch
in der Tür sieht.

Eine halbe Stunde später klopft es an der
kaputten Tür. Anna kriegt einen Schreck und
guckt vorsichtig durch das Loch hinaus.
Da draußen stehen zwei kräftige junge
Männer. Sie tragen eine neue Tür zwischen
sich. Anna öffnet die alte Tür.
„Warst du das, die hier soviel Kraft gehabt
hat?" fragt der ältere von den beiden.
„Heutzutage sind Mädchen gefährlich", sagt
der andere.
„Jedenfalls kriegst du jetzt eine neue Tür",
sagt der ältere. „Dann kannst du hinter dir
abschließen und ruhig schlafen."
In wenigen Minuten haben sie die alte Tür
losgeschraubt und die neue eingesetzt. „Tschüs,
Mädchen", sagt der eine.
„Schlaf gut und hau diese Tür nicht auch
kaputt", sagt der andere und gibt Anna drei
Schlüssel.
Dann nehmen sie die alte Tür zwischen sich
und gehen die Treppe hinunter.

Um elf Uhr kommt Annika nach Hause.
Anna hört, wie sie versucht, den Schlüssel ins
Schlüsselloch zu stecken. Anna läuft hin und
öffnet die Tür.
„Hallo", sagt Annika ein bißchen erstaunt.
„Ich hab wohl den falschen Schlüssel."

„Vielleicht ist es auch die falsche Tür",
antwortet Anna.

Annika lacht. „Ist alles gutgegangen?" fragt
sie und geht zu Mia hinein. „Aber komisch ist
das schon, daß ich den falschen Schlüssel
mithatte", sagt sie, als sie zurückkommt.

„Es ist tatsächlich eine neue Tür", sagt Anna
vorsichtig.

„Eine neue Tür?"

„Setz dich mal hin." Anna zeigt aufs Sofa.
„Die andere Tür ist kaputtgegangen."

„Kaputt?" fragt Annika.

„Ja. Zwei Polizisten haben ein Loch
hineingehauen. Sie hießen Gösta und Martin",
sagt Anna.

„Ein Loch in die Tür? Zwei Polizisten?"
Annikas Stimme klingt ein bißchen verwirrt.

„Ja, Svenne mit dem Schlüssel war hier. Aber
der paßte nicht", sagt Anna. „Aber es hat
ganz schön lange gedauert, ehe er kam.
Draußen vorm Tunnel war eine
Massenkarambolage."

„Massenkarambolage?" fragt Annika.

„Ja. Ich hatte die Nummer vergessen, die man
anrufen muß, wenn man Hilfe braucht. Aber

jetzt weiß ich sie", sagt Anna. „47 47 00. Und
die indische Familie kann ja nur englisch."
„Die indische Familie?" fragt Annika.
„Ja. Ich hab mich nämlich ausgeschlossen",
sagt Anna. „Nächstesmal darfst du nicht
vergessen, die Mülltüte mit rauszunehmen.
Damit hat nämlich alles angefangen."
„Hab ich die Mülltüte vergessen?" fragt
Annika.

„Genau. Also ist eigentlich alles deine Schuld. Aber jetzt hast du jedenfalls eine neue Tür und drei neue Schlüssel. Ist das nicht gut?"
Annika schüttelt den Kopf und starrt die drei Schlüssel an. „Kannst du das Ganze nicht noch einmal von vorn erzählen?" fragt sie.
Anna setzt sich dicht neben Annika aufs Sofa. „Klar kann ich das. Aber du mußt mir versprechen, daß du nicht in Ohnmacht fällst."
Dann erzählt sie alles noch einmal von Anfang bis Ende.